AF554782

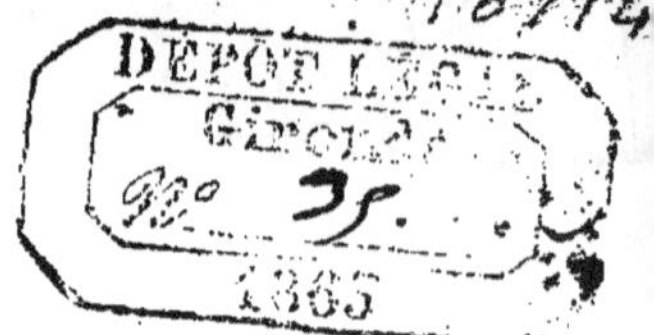

ÉTUDE

SUR SAINT FRANÇOIS DE SALES

PAR M. L'ABBÉ SABATIER,

Doyen et professeur d'Éloquence sacrée à la Faculté de Théologie de Bordeaux.

(Lue à la séance de rentrée solennelle des Facultés, le 17 novembre 1862.)

Monseigneur,
Monsieur le Recteur,
Messieurs,

Le voyageur intelligent, parvenu à une des haltes de sa longue course, reporte ses pensées sur la partie de la route qu'il vient de parcourir. Alors, le crayon ou la plume à la main, il confie à des feuilles, ses fidèles compagnes et ses confidentes intimes, les impressions diverses de son âme.

Nous, professeurs, voyageurs sur la voie sans fin de la science, nous demandons aux mois qui suivent nos travaux annuels, un repos toujours disputé par les souvenirs du dernier labeur.

Notre mission ne nous en ferait pas un devoir, qu'un attrait puissant nous y convierait. Nous aimons, en effet, à nous redire, dans le calme du repos, dans le silence de la solitude, les paroles aux méditations desquelles un auditoire attentif s'est fidèlement associé.

Aussi, Messieurs, est-ce par des souvenirs empruntés à mon dernier enseignement que j'ouvre, selon mon usage, celui qui est inauguré solennellement en ce jour.

J'en ai dit assez pour que déjà le nom honoré et glorifié de saint François de Sales soit sur les lèvres de plusieurs de ceux qui, en ce moment, m'honorent de leur attention.

Si ma voix devait demander des échos aux voûtes sacrées d'un sanctuaire, je tracerais avec joie les tableaux ravissants des vertus qui ont sanctifié la vie tout entière de cet élu du Seigneur. Avec

...ueur je raconterais son angélique enfance, sa pieuse et studieuse jeunesse; et que de charmes mon cœur ne trouverait-il pas à célébrer en lui, avec les vertus du saint prêtre, les perfections les plus aimables et les plus accomplies du pontife modèle!

La chaire que j'occupe m'ouvre une autre voie; car elle m'appelle à glorifier devant vous, en la personne de l'illustre évêque de Genève, l'*orateur*, le *savant*, le *philosophe* et le *littérateur*.

A cette quadruple étude, Messieurs, je convie, avec votre amour de la science et des belles-lettres, votre culte des gloires de la patrie.

N'est-ce pas le canon victorieux de Magenta et de Solférino qui a doté la France du berceau et de la tombe du saint Pontife, qui déjà lui appartenait par l'affection tendre qu'il lui porta, et par les services signalés qu'il rendit à sa foi et à sa littérature?

De plus, ne serait-il point vrai de dire que saint François de Sales a une part dans le fait glorieux de cette annexion? Qui oserait, en effet, affirmer que si les contrées de la Savoie par lui évangélisées n'eussent point été arrachées, par sa parole apostolique, il y a deux siècles et demi, à l'influence puissante de Genève, il y aurait eu de nos jours, dans le cœur de leurs habitants, d'aussi vives et d'aussi unanimes aspirations vers la France?

En prenant la parole dans cette solennité, je ne me suis point fait illusion, croyez-le bien, sur les difficultés qui m'ont été créées par le talent, justement applaudi, de ceux de mes honorables Collègues de la Faculté des Lettres qui m'ont précédé dans l'accomplissement de la tâche aujourd'hui dévolue au Professeur d'Éloquence sacrée. Mais il est, pour tout orateur, une confiance que légitiment l'indulgence connue de ses auditeurs, et la conviction qu'il accomplit un devoir.

Or, cette confiance est la mienne.

I

Un jour, c'était en 1594, un jeune prêtre savoyard, les coudes appuyés sur le parapet d'une citadelle élevée, les mains jointes sur la poitrine, promenait des yeux inondés de larmes sur les plaines du Chablais [1].

Quelle pouvait être la cause d'une aussi profonde affliction, surtout en présence des beaux points de vue qui se déroulaient, dans un immense horizon, autour de l'observateur?

Ah! c'est qu'il n'avait des yeux que pour voir les ruines dont les plus cruels et les plus dévastateurs des fléaux, la guerre civile et la guerre religieuse, avaient comme jonché ces contrées, jadis si riantes.

Il ne voit plus que des églises et des presbytères renversés au sein des villages en partie dépeuplés, des gibets à la place des croix sur le bord des chemins, des châteaux incendiés au milieu de leurs parcs dévastés, et quelques restes informes de ces tours, aujourd'hui silencieuses, d'où partait naguère le signal ou plaintif ou joyeux de la prière; partout, en un mot, les traces d'un ravage général, indice certain de désastres plus grands encore dans les âmes.

Ce jeune prêtre, dont les traits révèlent la plus aimable simplicité et la plus séduisante douceur, est François de Sales.

Il a vaincu les oppositions d'un père qui plaçait en lui l'avenir de sa race, l'honneur de son nom; il a renoncé au siècle qui lui ouvrait largement les portes de la gloire. Quelques mois se sont à peine écoulés depuis le jour béni où, prosterné au pied du saint autel, il recevait la consécration sacerdotale, et le voilà, transporté par la sainte ardeur qui fait les apôtres, s'offrant à son évêque pour la plus laborieuse et la plus périlleuse mission.

Le voilà, en effet, ce jeune athlète de la foi catholique, au milieu de populations qui, ayant perdu toute sincérité et toute conscience, règlent leur foi sur la frayeur que leur inspirent l'éclat des bombes, la détonation des arquebuses, les éclairs de la lance ou du sabre, et passent indifféremment à la foi romaine et au protestantisme.

Comment accueilleront-elles la parole qui leur est portée; cette

[1] La citadelle des Allinges.

parole destinée à ressusciter leur énergie et leur loyauté natives, à calmer les colères et à allumer, avec la lampe de la foi, le flambeau de la charité et de la concorde?

Quelle privation l'intrépide apôtre n'aura-t-il pas à endurer? Quelle persécution n'aura-t-il pas à subir?... Mais, toujours calme, bon et aimable, il triomphera de tous les obstacles, impuissants à intimider son zèle, dont les ardeurs croîtront jusqu'au jour du triomphe.

Ce jour-là se leva pour ces contrées, reconquises au Catholicisme par la vertu toute puissante du glaive seul de la parole divine.

Si nous avions à suivre pas à pas le zélé missionnaire dans sa course évangélique, que de salutaires enseignements n'aurions-nous pas à recueillir! Mais tel n'est point l'objet de l'étude à laquelle je vous associe.

Nous nous abstiendrons, et par le même motif, de le suivre dans toutes les chaires qu'il occupa, dans le cours de sa vie si apostoliquement remplie, soit en Savoie, soit en France, et jusque dans le palais de nos rois, toujours avec le plus grand succès.

Quelles étaient les causes de ce succès sans pareil à cette époque?

Ces causes, nous les constaterons avec d'autant plus d'utilité, qu'elles nous révèleront la transformation salutaire qui s'opéra dans la chaire française vers la fin du seizième siècle, et surtout dans les premières années du dix-septième.

Vers la fin du seizième siècle, les exercices de l'esprit n'offraient guère qu'une érudition pédantesque, et la chaire évangélique était bien loin d'échapper à la contagion générale. Les discours chrétiens n'étaient qu'un chaos informe et confus de la plus sèche théologie et de la philosophie la plus abstraite et la plus nébuleuse.

Oubliant ou ignorant le caractère de leur mission, les prédicateurs délaissaient les sources sacrées de l'art chrétien pour commenter les écrivains classiques de Rome et d'Athènes.

Hélas! leur admiration était-elle sincère et surtout intelligente? Si elle l'était, pourquoi ne les imitaient-ils pas?

L'exemple de ce mauvais goût et de cette fausse érudition avait été donné dans le quinzième siècle, par les *Menot*, les *Maillard*, et par ce *Barlet*, dont les savants disaient en latin : *Nescit prædicare qui nescit barletare.* « *Ne sait pas prêcher qui ne sait pas barlétiser.* » Et ce barlétage, si pompeusement célébré, traversa le seizième siècle presque tout entier, s'enrichissant souvent, et à sa façon, de l'atrocité et de la grossièreté dont tant de sermons de la ligue nous offrent la monstrueuse et dégoûtante expression.

Quelles que soient les causes de cette déplorable décadence de l'art chrétien, causes que je n'ai point à rechercher en ce moment, il n'en est pas moins certain que le ministère sacré de la parole demandait une réforme, et que c'est au génie de la France qu'était réservée la gloire de le régénérer.

Ici nous apparaît, parmi les réformateurs de la chaire catholique et à leur tête, François de Sales.

S'il ne se soustrait pas absolument à l'influence de son siècle, il ne s'en montre pas moins exempt des défauts graves dans lesquels ses prédécesseurs étaient tombés.

Sa doctrine est exacte, et son langage noble, sans affectation, simple sans bassesse, exprime des pensées toujours chrétiennes. Si quelquefois l'enchaînement logique laisse à désirer, ses discours ne cessent pas de se montrer riches d'applications morales, qui sont le but, que j'appellerai sacramental, de la prédication. L'érudition profane n'en est point bannie, mais il est très rare qu'elle y prenne plus que sa légitime place.

En un mot, François de Sales avait compris, ainsi qu'il le dit lui-même dans sa simplicité naïve, que la vérité seule a des grâces et des attraits capables de soumettre les âmes les plus rebelles.

D'après cela, Messieurs, pourrions-nous être étonnés du nombre de brebis errantes qu'il ramena au bercail par sa science pleine d'onction qui ne brillait que pour échauffer?

La chaleur que le cœur seul donne à la parole entrait profondément dans l'âme de ses auditeurs. Ce n'était pas une lumière qui ne fait qu'attiédir la surface en l'effleurant, mais bien un feu ardent qui, pénétrant jusqu'aux entrailles, y produisait des fruits merveilleux, y engendrait des richesses inestimables.

Tel est le sens du beau témoignage que rendait à l'efficacité de la parole de François de Sales le grand cardinal Duperron, quand il disait : « Il n'y a point d'hérétiques que je ne sois assuré de » convaincre; mais pour les convertir, c'est un talent que Dieu a » réservé à M. de Genève. »

Tant de puissance dans le ministère de la prédication ne pourrait être attribuée uniquement à l'exactitude doctrinale; évidemment il en revient une part aux qualités exceptionnelles de l'orateur.

Écoutez un de ses plus éloquents panégyristes :

« Dès qu'il paraissait en chaire, la douceur et la modestie de ses » regards, le feu vif et pénétrant de ses yeux, le son tendre et tou- » chant de sa voix, lui ouvraient d'abord tous les cœurs.

» Son éloquence n'était point un torrent impétueux qui roule avec » bruit ses flots; c'était le fleuve paisible qui pénètre peu à peu la » terre, et fertilise les campagnes voisines de ses bords.

» Ce n'était point la foudre qui épouvante, qui consterne; c'était » un feu qui répand une lumière qui croît par degrés, qui agit sans » effort, qui consume imperceptiblement les liens des anciennes » habitudes, et qui change tout sans rien détruire.

» Son langage n'était point ce langage de la terreur qui jette dans » l'âme une agitation tumultueuse que le même moment voit naître et » s'évanouir, que l'esprit cherche aussitôt à dissiper parce qu'il en » est inquiet, contristé; c'était le langage de l'onction, de la douce » persuasion, qui coule, qui s'insinue au plus intime de l'âme, qui » saisit le cœur et que le cœur reçoit volontiers, qui fait une vio- » lence aimable, de laquelle on ne veut, on ne peut point se défendre.

» Il peignait avec des couleurs si vives et représentait avec des » traits si touchants la tyrannie des passions, le repos, la joie d'une » bonne conscience, les pures et chastes délices de la vertu, les » espérances futures, les miséricordes infinies du Dieu Sauveur, » les tendres épanchements de son amour, que les regrets de la vie » passée et les désirs d'une vie nouvelle s'emparaient de tous les » cœurs [1]. »

[1] Ch. de Neuville, *Panégyrique*.

De telles qualités, Messieurs, sont, dans un orateur, inséparables d'une science réelle et élevée.

II

C'est aux sources, tout à la fois les plus pures et les plus fécondes, que François de Sales puisa la science qu'il possédait à un degré éminent.

On le vit successivement à Paris et à Padoue aux pieds de toutes les chaires, occupées par des savants dont le savoir était connu et célébré dans le monde entier.

Dans les heures que laissaient à sa liberté les leçons de ses maîtres, leçons toujours attentivement écoutées et soigneusement recueillies, il étudiait, avec un zèle qui disputait souvent à la nuit les instants du repos, les œuvres théologiques de saint Thomas, de saint Bonaventure et de Bellarmin.

Chaque jour il lisait au moins un chapitre de l'Écriture Sainte, et il en notait, avec un soin tout particulier, les plus beaux passages. C'est pour mettre plus largement à profit les richesses immenses dont ce livre est le dépôt divin, qu'il voulut apprendre l'hébreu.

Les saints Pères, dont les écrits expriment si exactement la tradition catholique, et sont si abondamment remplis de la sève évangélique, furent à leur tour généreusement interrogés.

Saint François de Sales a dit quelque part sa prédilection pour saint Chrysostôme, saint Augustin, saint Jérôme et saint Bernard, et, par-dessus tous, pour saint Cyprien, dont le style harmonieux, ce sont ses expressions, coule avec une paisible douceur, comme une très pure fontaine.

Calme et sage observateur du monde matériel, il en avait compris le langage mystique; et nul plus que lui n'a su en rendre parlants les enseignements muets.

Ce qui caractérise encore et au plus haut degré les ouvrages sortis de sa plume, c'est l'alliance des principes et des faits; en d'autres termes, une connaissance parfaite de la loi et du cœur humain; union trop rare, et dont l'absence frappe de stérilité, sinon de mort; beaucoup d'œuvres morales marquées cependant du sceau du génie.

D'après Bossuet, on ne trouve pas toujours, dans les œuvres de saint François de Sales, la doctrine si liée et si exacte qu'il serait à désirer; mais il déclare que sa pensée n'est pas d'affaiblir en lui le titre qu'on lui donne de théologien à un degré éminent.

L'immortel évêque de Meaux échappe-t-il lui-même à toute critique? Mais quelques propositions, sur lesquelles son attention se porta incomplète, ne sauraient ternir l'éclat de son génie et affaiblir l'admiration qu'il inspire.

Qu'est-ce à dire, sinon que le savoir de l'homme, quelque élevé qu'il soit, est borné, comme tout ce qui est à lui et de lui?

Alors même que la science est une dans son objet, elle ne l'est point dans ses manifestations au sein de l'âme qu'elle illumine de ses vifs et divins rayons.

Dans des conditions différentes, en effet, elle éclaire chez les uns plus particulièrement l'intelligence, pendant que chez d'autres, et dans des modes infinis, elle illumine plus spécialement le cœur.

Aux premiers est dévolue la mission sévère de perpétuer les principes dans toute leur pureté doctrinale; et aux seconds, celle d'en donner l'amour et d'en assurer la pratique.

Ce dernier lot fut la part providentiellement échue à saint François de Sales.

Parlant de notre saint évêque, et célébrant son érudition, Bossuet disait encore : « Je trouve, dans ces derniers siècles, deux hommes » d'une sainteté extraordinaire : saint Charles Borromée et François » de Sales. Leurs talents étaient différents et leurs conduites diver- » ses, car chacun a reçu son don par la distribution de l'esprit; » mais tous deux ont travaillé avec même fruit à l'édification de » l'Église, quoique par des voies différentes.

» Saint Charles a ressuscité, dans le clergé, l'esprit ecclésias- » tique; l'illustre François a rétabli la dévotion parmi les peuples. » Avant saint Charles Borromée, il semblait que l'Ordre ecclésias- » tique eût oublié sa vocation; et l'on peut dire qu'avant François

» de Sales, la dévotion n'était plus connue parmi les gens du » siècle [1]. »

Tel est, en effet, Messieurs, le cachet de toutes les œuvres du saint évêque de Genève, par excellence l'aimable docteur de la dévotion.

Trouverait-on, ailleurs plus que dans les suaves pages tracées par sa plume pieuse, l'heureux accord de la religion et de l'humanité? Aussi, non seulement les chrétiens fidèles, mais encore les vrais philosophes aiment à recueillir les leçons de morale qu'elles contiennent, les règles de conduite qu'elles prescrivent, les préceptes qu'elles indiquent, les réflexions qu'elles présentent.

Le *Traité de l'amour de Dieu*, les lettres à différentes personnes sur divers sujets, et surtout l'*Introduction à la vie dévote*, sont et seront à jamais autant de chefs-d'œuvre de lumière et de sentiment, autant de sources inépuisables de foi et de piété.

Comme Fénelon, qu'il égale autant par la sensibilité que par la grâce et la subtilité de son langage; comme Bossuet, dont il a la modération, la fermeté et le bon sens, saint François de Sales a été un homme supérieur par la science.

S'il reste classé parmi les écrivains ecclésiastiques du second ordre, ce n'est point que le génie lui ait manqué pour s'élever à des hauteurs plus grandes : c'est son humilité seule qui en a enchaîné les élans dans le cercle des vérités de piété.

III

Si, de ces considérations d'un ordre peut-être exceptionnel aux yeux de quelques-uns de mes auditeurs, nous passons à la philosophie, saint François de Sales nous apparaît encore, avec un rang d'honneur, parmi les penseurs sérieux de son époque.

Deux esprits contradictoires se manifestent, au seizième siècle, dans les hommes de la science : l'un de ces esprits est l'affirmation, imposée quelquefois avec trop de violence à la foi; l'autre, plus

[1] *Éloge de François de Sales.*

répandu, c'est le libre examen, avec le doute dont il est inséparable.

Le doute particulier à ce siècle faisait rompre l'intelligence humaine avec toute autorité. Avec lui, l'individu se revendiquait une importance non moins excessive que déplorable; et la pensée ne pouvait que dégénérer en jeu d'esprit.

C'est ce même doute que Pascal jugeait avec sagesse, quand il disait : « C'est le doute qui doute de soi, c'est l'ignorance qui » s'ignore. » Et plus loin : « Laisser aux autres le soin de chercher » le vrai et le bien, demeurer en repos, couler sur les sujets de » peur de s'enfoncer en appuyant, ne pas presser le vrai et le bien » de peur qu'ils n'échappent entre les doigts. »

N'est-ce pas, dit un de nos littérateurs modernes, s'emparant des dernières paroles de Pascal, une image saisissante de l'esprit de Montaigne? C'est par là, ajoute-t-il, que s'explique son manque d'autorité sur le lecteur [1].

En acceptant cette appréciation, pour moi très exacte, du génie de Montaigne, qui évidemment n'échappa pas à toutes les imperfections de son époque, je n'en reconnais pas moins, dans les *Essais*, des vues d'une haute portée, et je n'en proclame pas moins leur auteur un des grands écrivains des temps modernes et une des légitimes gloires de la cité bordelaise.

Il était temps que cet empire des idées et des impressions cessât, et qu'une place fût faite aux vérités; en d'autres termes, il était temps qu'on cherchât ce qu'il fallait savoir, pour connaître ce qu'il fallait faire.

Deux écrivains, s'inspirant de ce besoin, moins senti qu'il n'était impérieux, produisirent chacun leur meilleur ouvrage.

C'est Charron, ami et disciple de Montaigne, qui publia son *Traité de la Sagesse;* c'est saint François de Sales qui donna le jour au livre de l'*Introduction à la vie dévote.*

Pour Charron, prêtre et chanoine de l'église métropolitaine de Bordeaux, pour Charron, qui avait aspiré à la vie des cloîtres, la

(1) M. Nizard.

théologie, chose étonnante, semblait n'être qu'une science abstraite, sans application à la conduite de la vie.

Aussi, mal inspiré, demanda-t-il des règles de conduite à la sagesse humaine, dont cependant son maître lui avait, par ses *Essais,* démontré avec évidence et les obscurités et l'insuffisance.

Je n'ai point à analyser cette production. Qu'il me suffise donc, après avoir reconnu qu'elle n'est pas sans quelque valeur, de dire, avec la certitude de n'être contredit par personne, que le style seul, par ses formes pédantesques et libres, prouve que si son auteur sut s'inspirer des besoins de son époque, il ne se protégea point assez contre l'influence des traditions et l'entraînement des exemples.

Saint François de Sales écrivit, dans le même but, son *Introduction à la vie dévote;* mais c'est à la religion qu'il demanda pour l'homme des règles de conduite.

« Le médecin de l'homme, dit M. Nizard, dont j'ai plusieurs fois » reproduit les judicieuses et sages appréciations, n'est plus l'hom- » me : c'est Dieu lui-même, entourant l'âme chrétienne de sa pro- » vidence, et s'insinuant dans ses plus secrets mouvements. Les » prescriptions de la sagesse divine s'offrent à nous sous la forme » des grâces, au lieu du dogmatisme et de la sagesse de l'homme » selon Charron et Montaigne.

» Les personnes pieuses, et celles qui, ne pouvant s'élever à ce » haut état, ne goûtent les ouvrages de spiritualité que par les » vues qu'elles y trouvent sur la vie, savent avec quelle onction » particulière et quelle douceur saint François de Sales administre » les prescriptions.

» Quel regard à la fois pénétrant et chaste il jette sur ces misè- » res et ces désordres auxquels sa précoce sainteté l'avait dérobé » lui-même ! Quelle hardiesse naïve et quelle mesure dans les pein- » tures qu'il en fait ! En même temps, quel tendre intérêt il prend » à tous nos maux, que dis-je, aux faiblesses mêmes qui les engen- » drent ! Il touche à toutes les circonstances de la vie : il connaît » tout, il dit tout, il fait entendre, sans le dire, ce qu'il ne voulait » pas dire.

» En tout ce qui regarde les prescriptions sur les actes de la vie » secrète, il y a une grande différence entre les deux moralistes. » Charron, trompé par son honnêteté même, ou entraîné par les » exemples du maître, fait tout voir grossièrement, ne croyant pas » que son âme soit complice de l'impureté de son intelligence.

» François de Sales ne lève qu'un coin du voile, et ne nous mon- » tre, des égarements humains, que ce qui peut nous en donner ou » le regret ou la crainte, et toutefois avec cette force de peinture » qui ne laisse jamais l'esprit incertain ni languissant.

» Je vois un aimable pasteur, qui conduit doucement son troupeau » au dernier terme. A peine est-il sévère pour ceux qui s'égarent ; » pour le reste, il les laisse marcher de leur pas, trouvant bon qu'ils » prennent quelques plaisirs honnêtes dans ce monde où Dieu les » place, pour quelques moments, à titre d'hôtes et de passagers.

» Chemin faisant, il parle à chacun selon ses besoins, s'aidant, » pour les persuader, de tout ce qu'ils voient et de tout ce qu'ils » aiment ; tirant ses comparaisons des images de leur vie, de leurs » habitudes domestiques, de leurs souvenirs ; rendant ses ensei- » gnements sensibles, en y intéressant leur imagination et leur » cœur. »

IV

Le temps ne m'est point laissé, Messieurs, d'entrer plus avant dans l'examen des richesses philosophiques et des beautés morales qu'offrent à l'esprit étonné et au cœur ému les ouvrages de saint François de Sales ; mais j'aurais trop incomplètement atteint mon but, si je n'en caractérisais pas en quelques mots le style.

Le style, c'est l'homme ; car c'est l'homme marquant de son cachet personnel toute conception de son intelligence et toute expression de sa pensée. Le style de saint François de Sales est donc son esprit et son cœur. C'est donc son âme pure, enjouée, ardente, franche, douce, ferme, généreuse et aimante.

Poète à un haut degré par le sentiment, il l'est encore par l'imagination qui colore avec tant de charmes son langage.

Toutes ses comparaisons, et nul ne posséda plus que lui l'art de comparer heureusement; toutes ses comparaisons, dis-je, sont empruntées à la création, qu'il observa avec sentiment et qu'il sentit avec esprit. On l'a, sous ce rapport, justement comparé à Bernardin de Saint-Pierre.

Il posséda encore, et d'une manière éminente, le secret des relations qui unissent le cœur de l'homme aux lieux qu'il habite. — Combien son âme, en effet, se plaisait dans la contemplation de la nature dont les aspects sévères et grandioses s'offraient à ses regards; mais il aimait surtout à égayer sa piété par les souvenirs de la vie pure et gracieuse des champs.

Il écoutait avec bonheur le doux chant de la fauvette fidèle au hameau et à la mélodie plaintive du messager, toujours bien accueilli, des beaux jours du printemps.

On le surprend assis près de la fontaine dont les eaux limpides reproduisent à son regard recueilli l'azur des Cieux; sur le bord du petit ruisseau dont le doux murmure résonne à son oreille attentive, comme un écho lointain des concerts angéliques; à l'ombre du vieux chêne dont le feuillage, agité par la brise légère, dit à son cœur, absorbé en Dieu, le souffle providentiel qui vivifie le monde.

Saint François de Sales, Messieurs, était un montagnard. Ah! ne demandez jamais à l'enfant de la montagne, qu'il oublie, ou son château, ou son châlet, ou sa chaumière! — Les beautés et les richesses des Cités n'en affaibliront jamais le souvenir dans son cœur, s'il est resté droit et pur.

Il s'arrachera à ces lieux chéris, pour payer à la patrie le tribut de son intelligence, de son activité ou de sa valeur; mais le lieu dont la pensée s'harmonisera toujours avec les projets d'un repos honorablement conquis, c'est celui dont le soleil éclaira ses premiers pas dans la carrière de la vie; c'est celui où reposent, dans l'attente de l'éternelle transfiguration, les restes vénérés des auteurs de ses jours.

Que de coups de pinceau pleins d'esprit et de charmes, que de traits admirables par le sens et l'expression ne pourrai-je pas citer, si je n'avais à respecter les limites que votre indulgence me trace !

Permettez-moi cependant de ne point terminer cette leçon sans vous lire un passage tiré de l'*Introduction à la vie dévote*, et dont la noble et touchante naïveté n'échappera pas à votre judicieuse appréciation.

« En toutes vos affaires, appuyez-vous totalement sur la providence de Dieu, par laquelle seule tous vos desseins doivent réussir ; travaillez néanmoins de votre côté, tout doucement, pour coopérer avec elle; et puis croyez que si vous vous êtes bien confié en Dieu, le succès qui vous arrivera sera toujours le plus profitable pour vous, soit qu'il vous semble bon ou mauvais, selon votre jugement particulier.

» Faites comme les petits enfants qui, de l'une des mains, tiennent à leur père, et, de l'autre, cueillent des fraises et des mûres le long des haies ; car de même, ramassant et maniant les biens de ce monde de l'une de vos mains, tenez toujours de l'autre la main du Père céleste, vous retournant de temps en temps à lui pour voir s'il a agréable votre ménage ou vos occupations. Et gardez-vous bien, sur toutes choses, de quitter sa main et sa protection, pensant d'amasser ou recueillir davantage ; car s'il vous abandonne, vous ne ferez point de pas sans donner du nez en terre. »

V

L'Académie française n'accomplit donc, Messieurs, qu'un acte de justice, lorsque, voulant faire un choix des écrivains qui pouvaient servir de modèles de la langue, elle joignit saint François de Sales à Malherbe.

Ce jugement de la savante assemblée ratifiait solennellement celui de l'Europe entière. Le livre de l'*Introduction à la vie dévote* fut, dès son apparition, traduit dans presque toutes les langues connues ; et en peu d'années, il parvenait en France à sa quarantième édition.

Laissez-moi rappeler à votre patriotique souvenir l'éloge que se plaisait à en faire un grand roi qui avait si bien compris que la France devait aux sciences et aux lettres les loisirs qu'une paix, laborieusement conquise au dedans et au dehors, créait en son inépuisable activité (1).

Pourrais-je passer sous silence la fidélité avec laquelle l'un des plus savants princes qui aient occupé un trône en parcourait les pages, malgré ses préventions schismatiques et haineuses pour tout ce qui était l'expression du catholicisme?

« Oh! disait souvent Jacques, roi d'Angleterre, que je voudrais » connaître l'auteur! C'est certainement un grand homme; et parmi » nos évêques, pas un n'est capable d'écrire de cette sorte, qui » ressent tellement le ciel et la façon des anges (2). »

Telles sont, Messieurs, les qualités qui feront toujours lire avec bonheur et fruit, même par les plus mondains, le ouvrages de saint François de Sales.

Ne suis-je donc pas suffisamment autorisé à vous convier encore une fois à leur lecture.

Lisez-les donc, vous dirai-je, en m'inspirant de l'auteur des *Trois siècles littéraires* (3); lisez-les si vous voulez juger sainement de l'esprit du Christianisme et des devoirs de la tendre et solide piété.

Lisez-les, à l'exemple de l'illustre archevêque de Cambrai, pour acquérir cet amour de la vertu inséparable de celui de la religion, ce naturel, ce ton de candeur, cet air de sérénité, si rares dans tous les écrits, et destinés cependant à en être le doux charme.

Lisez-les pour apprendre à connaître l'usage que l'on doit faire des talents.

Les malheureuses célébrités qui ne sont fondées que sur le ravage

(1) C'est à la demande d'Henri IV que le livre de l'*Introduction à la vie dévote* fut publié, et ce prince aimait à dire qu'il avait dépassé son attente.

(2) Marie de Médicis en avait envoyé à ce monarque un exemplaire relié avec diamants et pierreries.

(3) L'abbé Sabatier de Castres.

de l'esprit se dissipent avec les erreurs qui les enfantent, et il ne reste plus qu'un odieux souvenir des perturbateurs de la raison humaine.

L'amour de l'ordre prévaut toujours contre les secousses turbulentes de la nouveauté, et ceux-là seuls qui ont travaillé à le rappeler peuvent être regardés comme la gloire et les vrais bienfaiteurs du genre humain.

Aussi, Messieurs, alors que tant de noms, un instant applaudis, ne seront plus qu'un objet de mépris, s'ils ne sont oubliés, celui de l'évêque de Genève, indépendamment des hommages de la religion, sera consacré par l'estime et les éloges de la postérité la plus reculée.

Bordeaux. — Imprimerie G. Gounouilhou, rue Guiraude, 11.

www.ingramcontent.com/pod-product-compliance
Lightning Source LLC
LaVergne TN
LVHW020501230826
846091LV00008BA/3305

* 9 7 8 2 0 1 2 4 6 3 3 5 6 *